Évêque Marian Eleganti

Ma première communion : Venez tous à moi !

Le grand mystère de l'Eucharistie expliqué avec amour et de manière adaptée aux enfants

1ère édition de l'édition originale Avril 2022
Édition française : 1ère édition Mars 2024
Copyright © 2024 Évêque Marian Eleganti et Wagner Medien Ltd

L'auteure est représentée par :
Wagner Medien Ltd
Tepeleniou 13
Tepelenio Court, 2nd floor
8010 Paphos
Chypre

Tous droits réservés.

Traduction depuis l'allemand : Wagner Medien Ltd

Design de la couverture/concept et composition :
Sprudelkopf Design – Jasmin Raif, www.sprudelkoepfe.com
Photo du verso : © Daniel Schreiner

Illustrations : Ayan Mansoori

ISBN: 978-9925-7928-6-3

L'œuvre, y compris ses parties, est protégée par le droit d'auteur. Aucune utilisation n'est autorisée sans le consentement de l'éditeur et de l'auteur. Ceci s'applique en particulier à la duplication électronique ou autre, à la traduction, à la distribution et à l'accès public.

ÉVÊQUE MARIAN ELEGANTI

MA PREMIÈRE COMMUNION

„Venez tous à moi !"

LE GRAND MYSTÈRE DE L'EUCHARISTIE EXPLIQUÉ
AVEC AMOUR ET DE MANIÈRE ADAPTÉE AUX ENFANTS

CONTENU

Le mystère de l'Eucharistie	**6**
La traversée du désert	**8/9**
Moïse parle à Dieu	**10/11**
La manne croustillante	**12/13**
Le pain qui donne la vie éternelle	**14/15**
Je suis le chemin	**16/17**
C'est moi même que je vous donne	**18/19**
Les disciples s'étonnent	**20/21**
JÉSUS et Marie au repas de noces	**22/23**
Ils n'ont plus de vin	**24/25**
C'est un miracle !	**26/27**
C'est mon corps	**28/29**
La coupe de l'alliance éternelle	**30/31**
Un acte d'amour inconcevable pour nous	**32/33**

Garder l'instant présent dans son cœur	**40/41**
PÈRE, pardonne-leur	**42/43**
JÉSUS peut-il venir vers tout le monde ?	**44/45**
La réponse est : oui !	**46/47**
Encore un miracle	**48/49**
Désir de JÉSUS	**50/51**
Un seul contact et tu es en bonne santé	**52/53**
JÉSUS, le Fils de DIEU	**54/55**
Le pardon des péchés ?	**56/57**
Il répare tout	**58/59**
Un cœur pur	**60/61**
Visite de "nettoyage"	**62/63**
Plaire à DIEU plus qu'aux hommes	**64/65**
L'amitié éternelle avec JÉSUS	**66/67**

Le mystère de l'Eucharistie

Depuis que le pape Pie X, partant de sa propre expérience, c'est-à dire de son grand désir de Jésus quand il était enfant, a ouvert, en 1910, la possibilité de la communion précoce, dite „première communion", des miracles plus ou moins grands se produisent régulièrement dans le cœur des enfants. En tant que "père de table", j'ai pu accompagner chacun de nos huit enfants, avec généralement aussi quelques enfants du voisinage, sur le chemin de la toute première rencontre lors de la Sainte Communion. J'ai pu ainsi constater à quel point le désir mutuel entre Jésus et les enfants peut devenir vivant.

Ce livre pour enfants sur la première communion est une aide merveilleuse, aussi bien pour les enfants que pour les adultes, pour pénétrer dans le mystère de l'Eucharistie et comprendre à quel point non seulement la toute première communion, mais aussi la communion reçue régulièrement, peut être importante pour une jeune vie et à quel point Jésus se réjouit d'un cœur pur et ouvert. Je souhaite à tous les parents et accompagnateurs qui préparent à la communion de se laisser également contaminer par cette joie et de bien guider les petits cœurs qui leur sont confiés.

Robert Schmalzbauer
Communauté Immaculée
ICF Initiative Famille Chrétienne

Ce livre appartient à l'enfant qui fait sa première communion

....

Ma sainte première communion

a eu lieu le ....

dans la paroisse de

....

Il y a plusieurs milliers d'années, les Israélites traversaient le désert. Ils fuyaient le souverain égyptien, le pharaon.

C'est pourquoi ils n'eurent bientôt plus rien à manger et faillirent mourir de faim.

Ils sont devenus très mécontents de Moïse, qui les avait fait sortir d'Égypte, où ils étaient esclaves, mais à présent, bien qu'un nouvel avenir s'ouvrît devant eux, ils ne voulaient pas mourir de faim.

Moïse cria donc vers DIEU et lui demanda de l'aide, car le peuple se plaignait et désirait retourner en Égypte, où ils étaient bien sûr esclaves, mais où ils avaient au moins de quoi manger.

DIEU fit alors tomber dans le camp des Israélites constitué de tentes quelque chose qu'ils ne connaissaient pas et n'avaient encore jamais vu. Elle était croustillante et avait bon goût. Les Israélites l'appelèrent la manne, le pain du ciel. Car elle venait du ciel : DIEU la leur avait donnée. C'était un grand miracle.

C'est à ce miracle que JÉSUS pensait lorsqu'il disait à ses disciples qu'il était lui-même le véritable pain céleste descendu du ciel. Puisque JÉSUS est DIEU, il vient du ciel.

Il a également dit que quiconque mangerait le pain qu'Il nous donnera vivra pour l'éternité (c'est-à-dire pour toujours). Ce pain, c'est Lui-même, c'est Son corps, que nous recevons dans la Sainte Communion. Il nous donne la vie éternelle. C'est pourquoi, lorsque nous Le recevons dans la Sainte Communion, nous espérons qu'après notre mort, nous vivrons avec Lui au ciel et serons éternellement heureux.

DIEU descend donc encore aujourd'hui vers nous à chaque Sainte Messe, et nous, nous montons vers Lui lorsque nous communions, et lorsque nous faisons ce qu'Il nous dit : „Aimez-vous les uns les autres comme JE vous ai aimés !"

JÉSUS nous a dit : Je suis le chemin. Donc, si nous faisons ce qu'Il dit, nous suivons ce chemin. Il nous conduit directement au ciel, où il n'y aura plus que de la joie et de l'amour.

Mais en chemin, nous n'avons pas seulement besoin d'une nourriture terrestre, comme la nourriture et la boisson, mais aussi d'une nourriture divine, comme la Sainte Communion. Lorsque nous recevons la Sainte Communion, DIEU entre dans notre cœur.

Il ne s'agit donc pas seulement d'une vie dans ce monde et de notre corps, mais aussi, un jour, de notre bonheur éternel au ciel. Notre cœur veut être heureux et aimé. Il aspire à quelque chose que seul DIEU peut donner : le bonheur, la joie, l'amitié, la communauté, la paix et la concorde, l'harmonie, la vie éternelle.

Tout cela, seul DIEU peut nous le donner. Il veut nous donner une nourriture qui apaise la faim et la soif de notre cœur.

C'est pourquoi JÉSUS dit : Je suis cette nourriture. Je me donne moi-même. Celui qui Me reçoit dans son cœur vivra éternellement. C'est moi-même que je vous donne dans la Sainte Communion. Je suis donc vraiment une nourriture.

Nous croyons que JÉSUS est DIEU.

Nous pouvons aussi boire Son sang dans le calice. Pour des raisons pratiques, c'est généralement le prêtre qui le fait.

Les amis de Jésus qui, à l'époque, ont entendu ces paroles de sa bouche, se sont demandé avec étonnement : Comment peut-il nous donner son corps en nourriture ? Ce n'est pas possible ! Ils n'avaient encore aucune idée concrète de la Sainte Communion que Jésus a instituée lors de la dernière Cène et qu'il leur a donnée pour la première fois.

Autrement dit, ils avaient encore des idées assez fausses.

Ils ne savaient pas encore que Jésus prendrait le pain et le vin lors de la dernière Cène et qu'il les transformerait, à notre grand étonnement en son corps et en son sang.

De telle sorte que tous puissent le recevoir — chacun personnellement.

Il a dit à ses apôtres : Faites ceci en mémoire de moi. C'est pourquoi nous célébrons la Sainte Messe depuis ce moment-là jusqu'à aujourd'hui.

Mais JÉSUS peut-il vraiment transformer le pain et le vin en son corps ? Pour répondre à cette question, nous devons nous remémorer son premier miracle :

Il était invité à un mariage à Cana avec sa mère et ses amis. Cana est située non loin de Nazareth en Galilée, où Il avait grandi.

Le vin vint à manquer, ce qui était très ennuyeux.

La mère de JÉSUS s'en est aperçu et, avant que les mariés soient dans une situation difficile, elle a dit à JÉSUS : Ils n'ont plus de vin !

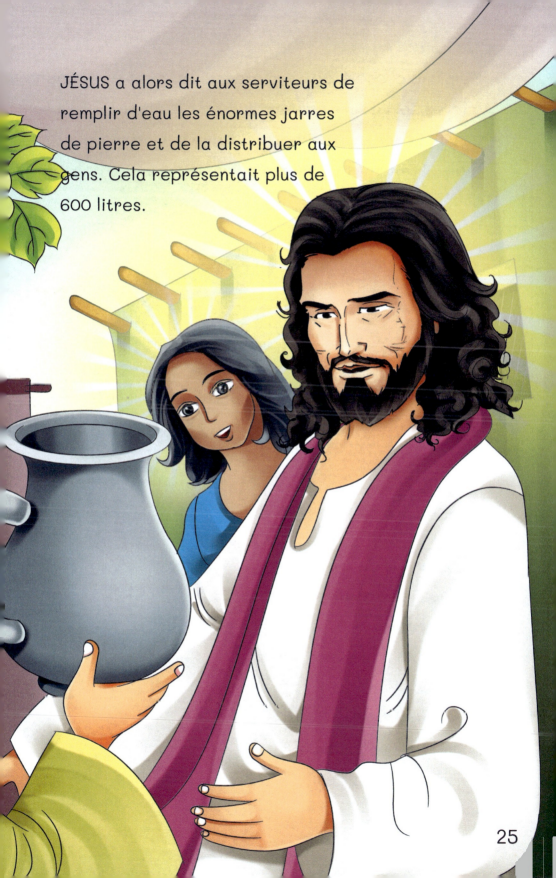

JÉSUS a alors dit aux serviteurs de remplir d'eau les énormes jarres de pierre et de la distribuer aux gens. Cela représentait plus de 600 litres.

Mais une chose était très étonnante, c'est que l'eau que les serviteurs avaient versée s'était transformée en vin. Le vin avait si bon goût que le maître de la table était très étonné que l'on ne serve ce bon vin que maintenant.

En ce temps-là, il était plutôt courant de distribuer le bon vin au début du repas, et seulement un peu plus tard le moins bon, lorsque les gens avaient déjà un peu trop bu et ne se rendaient plus compte de ce qu'ils buvaient.

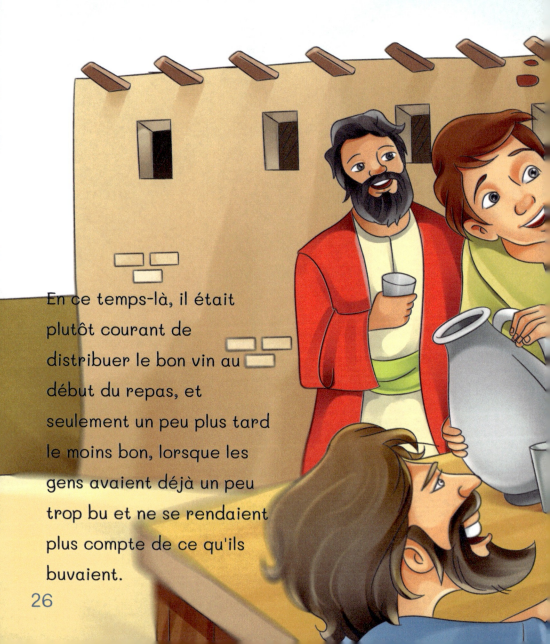

C'est le premier miracle que JÉSUS a fait. Les serviteurs qui avaient puisé l'eau et l'avaient versée dans les jarres savaient bien sûr très bien que c'était un miracle ! C'est pourquoi JÉSUS peut aussi changer le pain et le vin en son corps et en son sang.

L'ange Gabriel avait déjà dit à la mère de JÉSUS :

RIEN N'EST IMPOSSIBLE À DIEU !

Il en va de même pour le dernier miracle que JÉSUS a accompli au Cénacle lors du repas d'adieu. En prenant le pain et en disant : CECI EST MON CORPS LIVRÉ POUR VOUS, Il s'est donné Lui-même à ses amis, qui étaient avec Lui pour la dernière fois avant sa résurrection.

De même, Il prit la coupe de vin et dit :
C'EST LA COUPE DE LA NOUVELLE ET
ÉTERNELLE ALLIANCE, MON SANG RÉPANDU
POUR VOUS ET POUR BEAUCOUP D'AUTRES,
POUR LA RÉMISSION DES PÉCHÉS.

Le lendemain, JÉSUS a effectivement donné sa vie (son corps) et versé son sang pour nous. Il a été flagellé et couronné d'épines, puis il est mort pour nous sur la croix.

JÉSUS savait depuis longtemps qu'il voulait mourir pour nous. Il avait déjà dit auparavant, en vue de sa mort : Personne n'a de plus grand amour que de donner sa vie pour ses amis. C'est exactement ce qu'Il a fait. Pour nous aussi. Car nous pouvons être ses amis.

Lorsque les amis de JÉSUS ont reçu la sainte communion au Cénacle, c'est JÉSUS lui-même qu'ils ont accueilli dans leur cœur. Le pain était devenu Son corps, le vin Son sang.

Ils comprenaient maintenant de quelle manière JÉSUS pouvait devenir pour eux une nourriture céleste (pain céleste/manne) : par la Sainte Communion.

Pas du tout comme ils se l'étaient faussement imaginé et en avaient été choqué, car ils pensaient : Nous ne pouvons tout de même pas manger son corps !

Bien sûr, JÉSUS l'a fait d'une manière bien plus divine. Mais nous croyons simplement en ses paroles. Quand il dit : Ceci est mon corps ! Alors c'est vrai, c'est comme ça ! C'est comme s'Il nous disait en d'autres termes :

„C'est Moi".

JÉSUS n'a jamais dit de bêtises ni menti. Il est la vérité même. Même ses adversaires ont admis qu'Il disait toujours la vérité. C'est pourquoi nous croyons que nous Le recevons réellement dans l'hostie. JÉSUS lui-même nous l'a expliqué ainsi.

JÉSUS le dit avec amour pour nous. Lorsque nous nous embrassons les uns les autres, nous exprimons nous aussi l'amour avec notre corps.

C'est avec notre corps, c'est-à-dire par une étreinte réelle, que nous pouvons le mieux le montrer. C'est pourquoi JÉSUS a choisi ce moyen pour se donner et s'unir à nous, à chacun personnellement.

La Sainte Communion est une étreinte de DIEU !

La communion signifie en effet communication, lien. Communiquer signifie se parler, se communiquer les uns aux autres. S'embrasser, c'est se donner l'un à l'autre, s'aimer, se faire des cadeaux.

C'est exactement ce que fait JÉSUS dans la sainte communion : il se communique à nous dans une profonde étreinte et se donne à nous. Il s'unit à nous, et nous nous unissons à lui. Nous aussi, nous entrons en communication avec Lui en lui parlant dans notre cœur et en Lui communiquant nos pensées et nos sentiments. Nous pouvons aussi exprimer des souhaits. Mais nous devons aussi Le remercier et surtout L'aimer.

Pour ressentir encore mieux cette proximité, les enfants plaçaient autrefois leurs mains devant leur visage après avoir reçu la sainte communion. Ils ne voulaient regarder ni à droite ou ni à gauche pour voir ce que faisaient les autres. Ils voulaient au contraire se concentrer entièrement sur le moment présent dans leur cœur.

Parce que JÉSUS était tout entier avec eux à ce moment-là, ils voulaient lui parler dans leur cœur. C'est pourquoi ils se couvraient les yeux avec leurs mains. C'était pour ainsi dire un exercice de concentration.

Aujourd'hui, nombreux sont ceux qui reçoivent simplement la sainte communion en ayant déjà l'esprit ailleurs.

Il n'est pas bon de recevoir la sainte communion sans amour, de ne pas prier DIEU en même temps, et de faire comme si nous n'avions reçu qu'un petit morceau de pain, rien de plus ! En fait, c'est un péché. Mais beaucoup ne savent pas ce qu'ils font.

C'est ce qu'a déjà dit JÉSUS lorsqu'il a été crucifié : PÈRE, pardonne-leur, car ils ne savent pas ce qu'ils font !

Vous pensez peut-être : il y a tellement de gens. Chaque église peut accueillir au moins deux cents personnes. Jésus peut-il être là pour chacun d'entre eux et venir à chacun personnellement ?

La réponse est très claire : oui ! Je vais vous le montrer par un exemple : JÉSUS a accompli plusieurs fois le miracle de la multiplication des pains.

Voici comment cela s'est passé : les gens étaient déjà restés trois jours avec Lui dans la solitude. Ils n'avaient plus rien à manger, tout comme les Israélites d'autrefois dans le désert.

Le chemin pour rentrer chez eux était long. JÉSUS craignait qu'ils ne s'écroulent en route, n'ayant rien mangé. Ils n'avaient plus que quelques pains et quelques poissons.

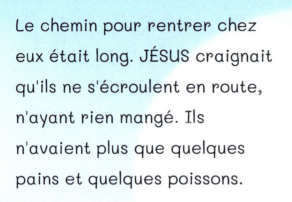

JÉSUS a donc pris les quelques pains qu'ils avaient pu trouver, les a bénis et les a fait distribuer à plusieurs milliers de personnes qui étaient avec lui pour l'écouter.

Et voici que les quelques pains dans la corbeille ne s'épuisaient pas, quelle que soit la quantité distribuée et qu'il n'y en avait pas moins jusqu'à ce que tout le monde en ait assez et ne ressente plus la faim. Cela aussi était un grand miracle.

Jésus a fait allusion par là à la Sainte Communion. Elle est distribuée dans les églises du monde entier.

A chaque Sainte Messe, le nombre de personnes qui la reçoivent augmente. La Sainte Communion arrive partout et est donnée à chaque chrétien qui veut la recevoir et qui s'y est préparé.

JÉSUS se „multiplie" pour ainsi dire Lui-même dans les nombreuses hosties. C'est toujours Lui ! C'est ainsi que DIEU vient à chacun de nous personnellement. Nous ne sommes jamais trop nombreux pour Lui.

Il se donne à chacun. Toute personne qui croit en JÉSUS et qui s'est préparée (par exemple lors de la Sainte Confession) peut recevoir la Sainte Communion.

Personne ne sera rejeté par Lui s'il désire ardemment le voir entrer dans son cœur et dans sa vie.

En ce temps-là, lorsque les malades touchaient le bord du vêtement de Jésus, ils étaient guéris.

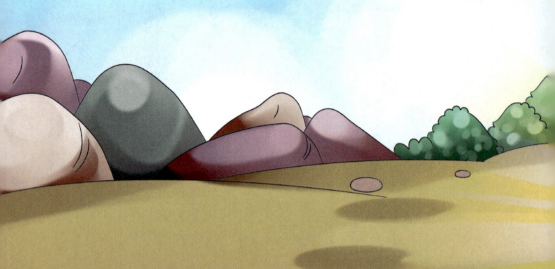

Une force émanait de Lui. C'est pourquoi tous voulaient toucher Son corps. Nous recevons cette force du CORPS DU CHRIST lorsque nous touchons la Sainte Communion, c'est-à-dire Son corps, ou lorsque nous le recevons par la bouche

Cette force divine nous aide à faire le bien, à être de bonnes personnes et à vaincre le mal. Cette force divine nous aide à nous corriger de nos défauts, afin que DIEU puisse se réjouir en nous.

Nous croyons que JÉSUS est le FILS de DIEU. C'est pourquoi nous nous agenouillons devant Lui. Nous n'adorons que DIEU, jamais un homme. C'est pourquoi il arrive que la Sainte Communion, c'est-à-dire le Corps du CHRIST, soit placée sur l'autel dans un merveilleux vase d'or orné de nombreuses pierres précieuses et de rayons.

Ensuite, nous nous agenouillons et adorons JÉSUS. DIEU est alors vraiment au milieu de nous et nous pouvons l'adorer de cette manière.

Chaque fois que le prêtre prend l'hostie à l'autel et prononce les paroles de JÉSUS à son sujet : CECI EST MON CORPS, JÉSUS descend du ciel vers nous. Il est alors vraiment avec nous.

Car il a dit lui-même : Je suis avec vous tous les jours, jusqu'à la fin du monde.

Pourquoi pensez-vous que JÉSUS a dit :
Ceci est mon sang, versé pour vous en rémission des péchés ?

Pour la rémission des péchés ?

Si nous sommes honnêtes, nous savons que nous avons tous des défauts et que nous faisons parfois quelque chose de mal, par exemple mentir ou frapper, ne pas aider, se moquer des autres, voler quelque chose.

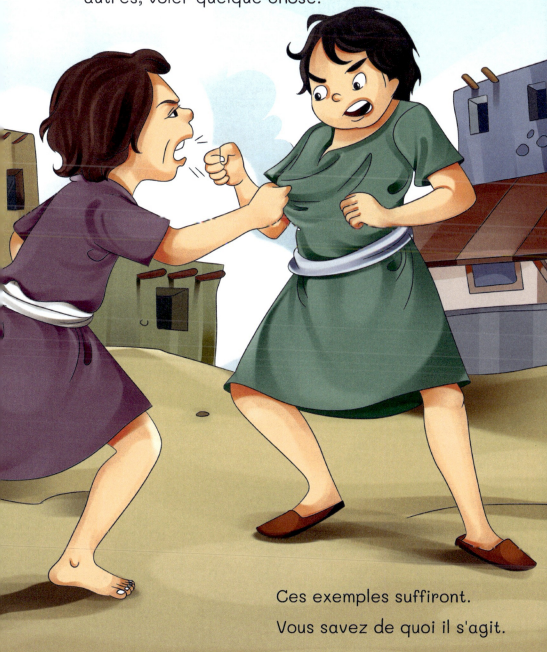

Ces exemples suffiront.
Vous savez de quoi il s'agit.

C'est pourquoi JÉSUS dit : Je vais réparer tout cela. Je me porte garant pour toi auprès du PÈRE céleste. Je donne ma vie pour toi. En d'autres termes, je verse Mon sang : Je verse Mon sang pour toi.

Vous pouvez comparer cela à la lessive quotidienne. Nous nous salissons régulièrement, tout comme nos vêtements. C'est pourquoi ils sont lavés encore et encore.

Il doit en être de même pour notre cœur. JÉSUS dit qu'il est sali par les mauvaises pensées et intentions que nous avons parfois dans le cœur.

Cette saleté doit aussi être lavée. Seul DIEU peut le faire.

C'est pourquoi JÉSUS est mort pour nous et a versé son sang pour nous, pour le pardon des péchés, afin qu'ils soient lavés, effacés de nous par son sang. Nous aurons alors à nouveau un cœur pur.

Ainsi, nous pouvons à nouveau nous présenter devant DIEU dans la joie et avec une conscience pure, nous tourner vers Lui et L'aimer et nous aimer les uns les autres avec une force nouvelle.

C'est dans la Sainte Confession que nous recevons cette purification de nos péchés.

Après la confession, on se sent vraiment bien. La Sainte Confession rend heureux. JÉSUS en a donné l'ordre aux apôtres. Celui à qui vous pardonnez ses péchés, ils lui sont pardonnés !

Nous devrions donc nous rendre régulièrement à la Sainte Confession. Après tout, nous apportons aussi nos vêtements à laver chaque semaine.

À quoi cela sert-il d'être bien habillé, si nous avons le cœur sale ? Après tout, nous devons plaire à DIEU plus qu'aux hommes !

La confession est surtout nécessaire pour se préparer à la Sainte Communion.

Nous n'allons pas non plus à un mariage ou à une fête d'anniversaire avec des vêtements sales.

Et JÉSUS a appelé la Sainte Messe un repas de noces. Un mariage est le moment où un homme et une femme concluent ensemble un pacte d'amour pour toute la vie. Ils se promettent amitié et fidélité jusqu'à la mort.

C'est ce que JÉSUS a fait avec nous au Cénacle. Il dit en effet : Ceci est la coupe de la nouvelle et éternelle alliance !

JÉSUS a donc conclu avec chacun de nous une alliance d'amitié éternelle.

Il dépend maintenant de nous-mêmes de garder nous aussi cette alliance d'amitié avec Lui, ou de quitter un jour JÉSUS, de ne plus croire en JÉSUS et de ne plus aller à la Sainte Communion.

Ce serait de notre part une véritable rupture d'amitié et de fidélité.

Mais même si nous devenons infidèles : JÉSUS reste fidèle. Cela est certain. Nous pouvons toujours revenir à Lui. Il a dit : Celui qui vient à moi, je ne le jetterai pas dehors.

Il est tout simplement imbattable dans son amour, sa bonté et sa fidélité !

Comme JÉSUS reste invisible, le prêtre se tient à Sa place à l'autel et prononce les paroles de JÉSUS. Ce faisant, nous pensons à JÉSUS et imaginons qu'Il se tient invisiblement à l'autel, là où se trouve le prêtre.

Car c'est JÉSUS qui se tourne vers nous à l'autel, comme autrefois au Cénacle, et qui se donne à nous dans la Sainte Communion. C'est JÉSUS qui dit : Ceci est mon corps ! C'est Moi ! En tout cas, nous le croyons fermement. Au ciel, nous Le verrons un jour directement.

Lorsque nous recevons la Sainte Communion, le Corps du Christ, nous avons tous JÉSUS en nous. Cela crée entre nous une parenté surnaturelle. Nous devenons frères et sœurs. Par la Sainte Communion, nous devenons une communauté dans laquelle chacun est lié et „apparenté" à chacun. Nous sommes devenus comme les différents membres d'un seul et même corps.

Printed in France by Amazon
Brétigny-sur-Orge, FR